In alto a destra

Un frammento della "mappa generale della Scozia e delle isole che vi fanno parte ..." di James Dorret (Londra, 1750), che mostra il Castello di Inveraray e i suoi confini nel periodo di John, IV Duca di Argyll. Nel corso degli anni 1750 prese forma il Castello come lo vediamo attualmente.

to His Grace the Duke of Argyle.

Le Loro Grazie, il Duca e la Duchessa di Argyll

Un saluto di benvenuto da MacCailein Mor XIII Duca di Argyll

Il Castello di Inveraray è soprattutto una dimora familiare nella quale ho avuto il grande privilegio di crescere. La sua stessa esistenza riflette il ruolo ricoperto dalla mia famiglia nel ricco arazzo della storia scozzese. Molti dei miei avi, i cui ritratti potrete ammirare all'interno del Castello, hanno contribuito personalmente a foggiare eventi d'importanza nazionale.

Gli oggetti contenuti nel Castello appartengono a molte generazioni della famiglia Campbell e, come tali, mi auguro che vi possano offrire una panoramica sulla nostra tradizione e sul modo in cui vissero i nostri avi e come riuscirono a superare i problemi della loro epoca per farci pervenire i tesori che possiamo ammirare oggigiorno. Ma ciò che vedrete a Inveraray è, credo, anche l'espressione di una generazione di suprema fiducia nel futuro.

.La nostra ricca storia può spesso smarrirsi nelle nebbie del tempo, ma qui a Inveraray abbiamo annotato col passar degli anni il passato per poterlo condividere con le generazioni future. Siamo orgogliosi di ciò che abbiamo raggiunto, pur essendo consapevoli dei nostri errori: tale sensazione si riflette nel nostro motto di famiglia "Ne Obliviscaris" (Non dimenticare).

Ci auguriamo che la vostra visita al Castello, sia che facciate parte o no della nostra famiglia internazionale, possa essere soddisfacente come lo è per noi che abbiamo avuto la responsabilità di curarne le sorti.

Indice

Castello di Inveraray

3

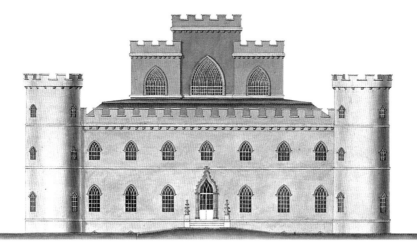

Il Castello

Facciata sud del Castello di Inveraray prima dell'incendio del 1877.

*In ogni angolo vi è una torre imponente
che contribuisce alla sua eleganza; quattro in tutto.
E al centro si erge una Cupola,
che sovrasta il tutto con la sua abbondanza di luce.
Questa è fissata in alto sul tetto
e funge sia d'utilità che d'ornamento.*

James Maxwell
Una Poesia descrittiva sul Nobile Palazzo di Inveraray composta da Sua Grazia il Duca di Argyll, Glasgow 1777.

Nei pressi della sponda orientale del Loch Awe vi è un'isoletta. In inverno, si possono intravedere tra gli alberi le alte mura di una fortezza in rovina. Si tratta del Castello di Innischonnell – la dimora originaria dei capi dei Campbell fino a quando venne abbandonata per sostituirla con Inveraray sul Loch Fyne in un periodo non specificato alla fine del XV secolo.

La nuova sede dei Campbell, vicino al fiume Aray, era una torre generalmente tipica del signore del luogo, con alcune case annidate nei suoi paraggi. Il I Conte di Argyll fondò il borgo di Inveraray ed iniziò il lungo processo di apertura di quella parte della costa occidentale della Scozia. Due secoli più tardi, in seguito alla creazione del ducato, la fortezza non sembrava più idonea ai tempi più tranquilli in cui viveva e il II Duca di Argyll, un uomo interamente anglicizzato, decise di costruire, come la maggior parte dei suoi contemporanei, una dimora signorile nello stile di castello.

La grande dimora che possiamo ammirare oggi è un fenomeno architettonico notevole. Evoca legami con forme barocche, palladiane e gotiche importate dall'Inghilterra, con gli architetti Vanbrugh, Morris, gli Adams, padre e figlio, i Mylnes e Salvin. Tuttavia con le sue spire coniche d'influenza francese sulla cima delle torri rotonde, il Castello di Inveraray è senza alcun dubbio scozzese. Fu la prima dimora signorile ad essere costruita in questa parte della Scozia che a quel tempo era ancora considerata remota.

Il II Duca incaricò Sir John Vanbrugh, drammaturgo ed architetto di Blenheim Palace e Castle Howard, di progettare qualcosa. Nel 1720 circa Vanbrugh disegnò un breve schizzo per il Duca che si è conservato fino ai nostri giorni.

Rappresenta un edificio piuttosto semplice a un solo piano, con quattro lati intorno a un cortile e comprendente quattro torri agli angoli, ciascuna con un tetto conico. Sebbene il progetto non fosse realizzato e Vanbrugh morisse entro sei anni, l'embrione dell'idea del grande architetto divenne la base della dimora che il fratello del II Duca, il Duca Archibald, fece eventualmente edificare. L'architetto prescelto fu Roger Morris, un genio ora poco noto. Solo il cugino Robert riceve qualche accenno nel Dizionario delle Biografie Nazionali. Uno dei suoi capolavori è il ponte palladiano costruito per Lord Pembroke a Wilton. Morris era associato a Vanbrugh per molti dei suoi edifici, come Eastbury (ora demolito), e Inveraray ha sicuramente delle affinità con tale costruzione. Morris sembrava la scelta più ovvia per mantenere la continuità con Vanbrugh.

La storia successiva e piuttosto complicata della costruzione del Castello di Inveraray viene narrata nei particolari nella pubblicazione *"Inveraray and the Dukes of Argyll"* [Inveraray e i Duchi di Argyll] di Ian G. Lindsay e Mary Cosh (Edinburgh University Press 1973). Ian Lindsay era un architetto e aiutò l'XI Duca, alla sua successione nel 1949, nella restaurazione del Castello e di Inveraray, l'antica capitale di Argyll.

Quando il Duca Archibald successe al titolo, la cittadina di Inveraray era di fatto una località remota. Sebbene fosse possibile raggiungerla per via terra, erano necessarie delle guide per seguire le piste primitive in mezzo all'erica e sulla montagna. A quel tempo, il modo più logico di raggiungere Inveraray era in barca. Negli anni 1740 fu costruita una strada militare da Dumbarton ed entro il 1747 erano stati costruiti diciotto ponti a grandi archi che attraversavano altrettanti fiumi e corsi d'acqua. Il Duca si servì per la prima volta della strada nel 1750.

La pianta di Daniel Paterson della tenuta del Duca di Argill nel 1756.

Il dipinto di John Clark di Eldin raffigurante Inveraray col nuovo castello, le rovine del vecchio castello e la città nel 1760 circa.

Nonostante ciò, il metodo più ovvio di trasportare carichi pesanti a Inveraray rimase ancora la barca, e negli anni intorno al 1750, mentre il Castello prendeva lentamente forma, la banchina locale della cittadina era affollata di vascelli che trasportavano piombo, ferro, legname, vetro, ardesia ed altro materiale da costruzione, non solo per il Castello ma anche per la ricostruzione della città stessa. La pietra di fondazione fu posata nel 1746. Recava l'iscrizione: CAL. OCT. ANNO DOM. MDCCXLVI POSUIT A.A. DUX GULIELMUS CUMBRIAE DUX NOBIS HAEC OTIA FECIT. *'Posata dal Duca Archibald di Argyll il primo ottobre dell'anno di nostro Signore 1746 William Duca di Cumberland fece queste delizie per noi'.*

Morris, sotto la severa supervisione del Duca Archibald, produsse un progetto con caratteristiche decisamente gotiche. Questo si verificò prima dell'epoca di Sir Walter Scott e della grande ripresa romantica in Scozia in cui si incoraggiavano i proprietari a costruire le loro nuove dimore nello stile baronale scozzese. Morris conosceva William Adam, il più famoso architetto dell'epoca ed era amico dello stesso e dei suoi figli John e Robert. William Adam venne coinvolto nei lavori in veste di appaltatore e supervisore, ma morì il 24 giugno 1748 a causa di un'infezione renale. Qualche mese più tardi, dopo aver completato i suoi progetti per Inveraray, anche Morris morì. I fratelli Adam ereditarono, quindi, lo studio del padre e John fu incaricato di guidare il completamento dei progetti di Morris per il nuovo Castello. Sebbene tutta la famiglia Adam fosse associata ad Inveraray, gli interni furono ampiamente ad opera di Robert Mylne (1734-1811), membro di una famiglia di muratori e costruttori da molte generazioni. Mylne si era formato in Italia ed era

stato nominato Sovrintendente della Cattedrale di St. Paul, oltre ad avere progettato il Blackfriars Bridge di Londra.

La costruzione del Castello risultò un processo talmente lento che persino quando il Dr. Johnson e Boswell visitarono il V Duca nel 1773 durante il loro famoso giro della Scozia, il Duca vi abitava da soli tre anni circa e, sebbene le sale di rappresentanza fossero splendide e l'edificio principale fosse un luogo degno di essere ammirato, i lavori non si completarono fino al 1789 circa.

Si può perdonare al pubblico che visita il Castello se ritiene che le decorazioni in alcune delle sale siano di Robert Adam. Certamente il soffitto della Sala degli Arazzi è basato sul progetto di Adam, ma Mylne fu responsabile della maggior parte del resto delle decorazioni. Alcuni dei dipinti attuali furono eseguiti dagli artisti francesi Girard e Guinand. Il primo aveva lavorato per il Principe Reggente a Carlton House. Lo storico di architettura Hubert Fenwick considera il lavoro di Mylne più simile allo stile di Sir William Chambers che a quello di Robert Adam, ma la differenza è molto sottile. L'ufficio della tenuta si trova nel Cherry Park in edifici iniziati nel 1760. In un'altra area si trova la fonte rustica di William Adam e i magnifici ponti del Giardino e di Garron. Sovrasta lo scenario la solitaria Torre di Guardia, opera di Morris, situata sulla cima del Dun na Cuaiche. Un acquerello del Castello dipinto da William Havell nel 1810 circa (sotto) e una fotografia scattata nei anni intorno al 1870 non mostrano alcune modifiche di sorta.

La mattina presto del 12 ottobre 1877 scoppiò un incendio che causò gravi danni. La parte principale del Castello sopravvisse e, sebbene si fossero verificati danni agli arazzi e infortuni di minore entità, l'incendio non fu così grave come avrebbe potuto essere.

L'VIII Duca e la sua famiglia si trasferirono nella loro dimora di Rosneath durante i lavori di restauro. L'incendio potrebbe essere considerato quasi un caso fortunato poiché il Duca aveva incaricato Anthony Salvin di progettare un'ala baronale vittoriana che avrebbe sbilanciato l'equilibrio dell'imponente simmetria dell'edificio se fosse stata costruita. In tal caso, Salvin ebbe solo l'incarico di ristorare e migliorare l'edificio danneggiato.

Aggiunte proposte per il Castello di Inveraray nello stile baronale vittoriano da parte di Anthony Salvin. Progetti non eseguiti per l'VIII Duca di Argyll negli anni 1870.

Salvin era un grande architetto che vantava dimore come la Thoresby Hall e Harlaxton, ma i suoi progetti per Inveraray non sarebbero stati idonei. Ian Lindsay criticò i tetti conici di Salvin sulle torri agli angoli e l'aggiunta di un ulteriore piano con finestre a dormitorio. Forse il piano supplementare distrae in qualche modo dalla torre centrale, ma i tetti conici conferiscono a Inveraray un aspetto completo che non aveva in precedenza ed aggiungono un romantico tocco franco-scozzese. Forse Salvin si rifece al disegno semplice di Vanbrugh. Ci piace pensare a questa versione dei fatti.

Nel 1871 Sir Matthew Digby Wyatt, che collaborò alla costruzione della Stazione di Paddington a Londra, progettò la veranda d'ingresso sul lato settentrionale del Castello. Non sorprende quindi che questo bell'edificio di vetro e ferro sia noto localmente con l'appellativo di "Paddington Station". Fu edificato per la cerimonia di nozze della Principessa Louise con il Marchese di Lorne nel 1871.

Durante i regni del IX e X Duca non si effettuarono modifiche degne di nota.

Dopo la II Guerra Mondiale, l'XI Duca di Argyll e la Duchessa Margaret s'impegnarono in un grande programma di riparazioni e rinnovo ed aprirono la dimora al pubblico nel 1953.

Circa un secolo dopo il primo incendio, nel 1975 un'altra conflagrazione distrusse alcune parti del Castello. Devastò il piano superiore di Salvin, distruggendo quadri e mobili ivi conservati. I vasti torrenti d'acqua dei vigili del fuoco avanzarono nelle camera di rappresentanza danneggiandone le decorazioni. Gli abitanti della città offrirono assistenza preziosa nel salvataggio di mobili ed opere d'arte. Il giovane XII Duca avrebbe potuto incassare i soldi dell'assicurazione ma, conscio del suo ruolo di MacCailein Mor, scelse di rimanere ed affrontare l'arduo compito di restaurare la dimora dei suoi avi. Grazie alla determinazione del Duca e della Duchessa e agli sforzi di molti altri, il Castello di Inveraray restaurato si trova oggi forse in una condizione migliore che mai ed è considerato uno dei maggiori tesori della Scozia.

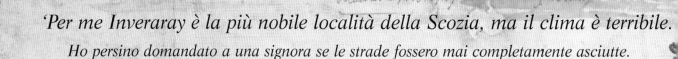

'*Per me Inveraray è la più nobile località della Scozia, ma il clima è terribile.*
Ho persino domandato a una signora se le strade fossero mai completamente asciutte.
Mi ha risposto, mai....'

La Città

L'On. Signora Sarah Murray di Kensington, A Companion and Useful Guide to the Beauties of Scotland, I, Londra 1799, p. 358.

La vecchia Inveraray vista da nord, 1747
A destra (pagina a fianco) vi è il vecchio castello e il ponte che conduceva in città, a sinistra vi è il fiume Aray e il Loch Fyne; all'estrema sinistra si vede il Gallows Foreland Point, sito della città nuova. Da un disegno di Thomas Sandby. A destra: suo figlio Paul Sandby produsse questa bella veduta della vecchia piazza del mercato.

Sebbene fosse piccola per dimensioni, la vecchia città di Inveraray si trovava sul terreno a parco verde tra il Castello attuale e la strada principale e viene descritta come l'antica capitale di Argyll.

Era stata eretta a borgo di baronia nel 1472 e, al tempo del Marchese di Argyll nel 1648, era ormai un Borgo Reale. Ne rimangono diversi disegni, tra cui quello di Paul Sandby del 1746 e di John Clark di Eldin del 1760.

Il vecchio muro di delimitazione, parte del quale è ancora visibile dietro la strada principale A83, reca ancora il ricordo di una famiglia. In due rientranze del muro, una sopra l'altra, si possono vedere i resti di un boccale e di un tegame che contrassegnano il sito di una locanda di proprietà di una famiglia chiamata MacCorquodale che, riluttante a lasciare la sua casa, fece incassare questi articoli nel muro per contrassegnare il luogo in cui aveva vissuto e lavorato.

Quale parte del suo Grande Concetto dello sviluppo innovativo di Inveraray, il III Duca decise di spostare la Città a sud del suo nuovo Castello. In una lettera al suo amico e mentore, Lord Milton, Segretario del Primo Magistrato, nel novembre 1743 egli scrisse "*Intendo, se possibile, spostare la Città di Inveraray di circa mezzo miglio più in basso vicino al Loch ...*"

Il sito prescelto era una striscia di terreno non arato noto col nome di Ardrainach o Fern Point ad est del viale che oggigiorno forma il parcheggio principale e in cui il Marchese di Argyll fece piantare gli alberi nel 1650. I piani originali a schizzo furono eseguiti nel 1744 dal III Duca e da Lord Milton ed indicano la direzione nord/sud parallela al viale adiacente. I progetti furono elaborati da John Adam e il primo edificio, iniziato nel 1751, fu l'Argyll Hotel seguito dalla Town House [il Municipio] nel 1755 – dove si trova ora l'Ufficio Informazioni Turistiche.

In seguito alla morte del III Duca nel 1761 e un periodo di inattività durante il regno del IV Duca, nel 1770 si ricominciò la costruzione per volere del V Duca. Egli incaricò Robert Mylne di finalizzare i particolari della planimetria della città e soprattutto i disegni dello Screen Wall [Muro di Protezione] che forma l'imponente facciata nord di Inveraray.

Le case e i negozi su entrambi i lati di Main Street furono costruiti intorno agli anni 1760 insieme alle abitazioni di Arkland e Relief Land. L'ultimo edificio principale ad essere eretto in Città secondo i progetti di Mylne fu la Chiesa parrocchiale che originariamente ospitava due congregazioni: una di lingua gaelica e l'altra di lingua inglese. I lavori continuarono fino al XIX secolo con la Court House, ora l'attrazione turistica Inveraray Jail [il Carcere di Inveraray] e la vecchia Scuola, che è ora la Community Hall.

Vi furono poche modifiche degne di nota al paesaggio cittadino nei successivi 150 anni. Nel 1941, durante la II Guerra Mondiale, la guglia della chiesa che era stata un punto focale importante dovette essere rimossa, poiché era diventata pericolosa e, a causa delle ostilità, non vi erano risorse a sufficienza per effettuare le riparazioni necessarie.

Nel 1956 la proprietà della città fu ceduta al Ministero dei Lavori ponendo fine ad un periodo di circa 200 anni di controllo della famiglia Argyll.

"Il progetto del Duca di Argyll nel 1744 era di lanciare, in questa zona remota delle Highlands occidentali, un piano di costruzione di un tipo mai conosciuto prima in Scozia, sebbene avesse preso nota di piante a larga scala a Londra e Bath".
Così scrissero Ian Lindsay e Mary Cosh nel loro studio magistrale, 'Inveraray and the Dukes of Argyll' [Inveraray e i Duchi di Argyll]. Di fatto come città pianificata Inveraray precede la città nuova di Edimburgo di circa 16 anni!

Nel 1785 un visitatore scrisse della Città che era costruita secondo *"...un progetto spazioso ed elegante, degno della dignità della Capitale dell'Argyllshire, una regione situata in una posizione più che ammirevole per il settore della pesca e la navigazione. La Città è stata ricostruita in modo consono alla pianta originale. Gli abitanti vivono in abitazioni ben collocate di pietra, calce ed ardesia. Sono completamente occupati nelle arti e nella manifattura."*

Una bella veduta di Inveraray di Augustino Brunias, 1758.

I Campbell

I Campbell, ritenuti provenienti dalla stirpe britannica del Regno di Strathclyde, giunsero probabilmente ad Argyll come parte di una spedizione reale nel 1220 circa. Si stabilirono nel Lochaweside dove divennero i custodi delle terre del re nella zona.

Il Capo del Clan Campbell prende il titolo gaelico di 'MacCailein Mor' da Colin Mor Campbell, 'Colin il Grande', che fu ucciso in una disputa con i MacDougall di Lorne nel 1296. Suo figlio era Sir Neill Campbell, compagno gioviale e cognato del Re Robert Bruce, il cui figlio, Sir Colin, fu ricompensato nel 1315 con l'assegnazione delle terre di Lochawe e Ardscotnish, delle quali divenne il signore. Sebbene in tale periodo i Campbell di Lochawe non fossero senza rivali per l'egemonia del Clan Campbell emergente, divennero ben presto la famiglia più eminente e riconosciuta come tale man mano che estesero il loro potere e i loro possedimenti terrieri.

Dai tempi di Bruce, il loro quartier generale era stato il grande castello di Innischonnel, sul Loch Awe. Verso la metà del 1400, Sir Duncan Campbell di Lochawe, pronipote di Sir Colin, trasferì il suo quartier generale ad Inveraray, controllando in tal modo la maggior parte delle comunicazioni via terra di Argyll, ben situato per il controllo delle nuove terre dei Campbell in Cowal e con convenienti collegamenti via mare. Nel 1445 fu nominato Lord Campbell e, successivamente, i componenti della famiglia continuarono a ricevere una serie di titoli. Suo nipote Colin venne nominato Conte di Argyll nel 1457; sposò una delle tre figlie dell'ultimo Stewart, Signore di Lorne, e su accordo con lo zio di sua moglie ottenne tale signoria per lui stesso nel 1470. In seguito a ciò, i Capi dei Campbell inserirono la Galea di Lorne nel loro stemma (a destra).

Archibald, il II Conte, cadde con il suo re a Flodden nel 1513; fu il primo della famiglia a ricevere l'ordine di Maestro della Casa Reale in Scozia, che l'attuale Duca mantiene tuttora. Il V Conte comandò una milizia di propri sudditi che superava in forza le armate di Francia e Inghilterra di quel tempo. Era una potenza d'importanza internazionale, ma la sua stella declinò con la sconfitta al comando dell'esercito di Maria Regina degli Scozzesi a Langside nel 1568.

*Il VII Conte di Argyll
(1575 – 1638)*

Il VII Conte (a sinistra) era noto con l'appellativo di "Gillespie Gruamach' (Archie dal volto arcigno) – e non ce n'è da meravigliarsi poiché in gioventù una banda di Campbell in complotto tentò uccidere lui e suo fratello minore. Sopravvisse all'attentato, ma rimase amareggiato e crudele e la sua ferocia contro i MacGregor divenne leggendaria. Finì per andarsene dalle Highlands, lasciando la zona nello scompiglio senza il suo comando, per recarsi all'estero, dopo essersi convertito al cattolicesimo di Roma a richiesta della moglie.

*L'VIII Conte e I Marchese di
Argyll (1598 – 1661)*

Il figlio, anch'egli chiamato Archibald, VIII Conte e in seguito Marchese di Argyll, fu discutibilmente il più grande e certamente il più incompreso Capo dei Campbell. La sua devozione alla religione presbiteriana lo spinse con riluttanza all'inimicizia con il Re Carlo I il cui tenente generale Montrose invase inaspettatamente Inveraray nel 1645. I Realisti uccisero e devastarono senza pietà prima di ritirarsi a nord. Con una contromarcia attraverso le montagne sorpresero le forze dei Campbell a Inverlochy e inflissero loro ancora una pesante sconfitta. Il Marchese, che era appena fuggito da Inveraray, dovette nuovamente fuggire per salvarsi la vita, un precedente sfortunato il cui peso dovette sopportare per il resto dei suoi giorni. Verso la fine dello stesso anno, il comandante in seconda di Montrose, Alasdair Mac Colla, invase nuovamente Argyll con i suoi MacDonald irlandesi e massacrò e distrusse per molti mesi tutto ciò che incontrò sul suo cammino prima di essere sconfitto dalle forze dei Covenanter [gli aderenti alla convenzione nazionale]. All'inizio della Restaurazione, Argyll si affrettò a recarsi a Londra, ma anziché ricevere una dimostrazione di gratitudine fu gettato nella prigione della Torre prima di ritornare in Scozia per essere processato e giustiziato, un destino che sopportò con coraggio esemplare.

*Archibald, IX Conte di Argyll
(1629 – 1685)*

Le fortune della Casa di Argyll vennero ristabilite dal IX Conte che, tuttavia, non ricevette il rango di Marchese concesso a suo padre. Ma non era d'accordo con le mosse religiose del Re Giacomo VII e invase la Scozia nel 1685 proprio quando il Duca di Monmouth sbarcava nel sud. Entrambi furono sconfitti e Argyll, in fuga verso le basseterre, fu catturato e giustiziato sommariamente. La Rivoluzione Gloriosa del 1688 apportò un cambiamento al clima del paese e il X Conte godette di molti favori: gli si concesse il Ducato nel 1701 oltre ad una serie di ulteriori titoli. Prima di allora, nel 1689, aveva raccolto attorno a sé un esercito per la Corona, *The Earl of Argyll's Regiment of Foot* [Il Reggimento di Fanteria del Conte di Argyll].

*Il I Duca di Argyll
(1658 – 1703)*

Si trattava dell'unità che ebbe il compito di eseguire il famigerato Massacro di Glencoe nel 1692, un episodio solitamente considerato un atto di vendetta da parte dei Campbell. Di fatto fu un deliberato atto della politica del governo eseguito in ottemperanza agli ordini firmati dallo stesso Re da un'unità dell'esercito regolare britannico.

Il II Duca fu un soldato famoso che è stato paragonato positivamente al suo rivale contemporaneo Marlborough. Comandò l'Esercito governativo alla Battaglia di Sheriffmuir che pose fine alla ribellione giacobita del 1715 e fu uno dei primi ufficiali dell'esercito britannico ad essere promosso al rango di Feldmaresciallo. Fu nominato Duca di Greenwich nel 1719, ma il titolo si estinse alla sua morte, non avendo lasciato eredi maschi. Il Ducato di Argyll passò quindi al fratello minore Archibald, il III Duca. Archibald, che aveva già ricevuto il titolo di Conte di Ilay, fu un altro insigne soldato, ma in seguito lasciò l'esercito per la politica, divenendo *Lord Justice General of Scotland* [Capo della Magistratura Scozzese].

Dall'alto verso il basso:
John, il II Duca di Argyll
(1680 – 1743)
Archibald, il III Duca di Argyll
(1682 – 1761)
John, il IV Duca di Argyll
(1693 – 1770)
John, il V Duca di Argyll
(1723 – 1806)

Anch'egli morì senza una discendenza maschile e il Ducato passò quindi a suo cugino John, IV Duca di Argyll, un altro famoso soldato che raggiunse il rango di Generale. Il figlio, John il V Duca, continuò la tradizione militare e fu il secondo membro della famiglia a ricevere il titolo di Feldmaresciallo. I suoi sforzi lungimiranti per il miglioramento della tenuta furono quasi totalmente vanificati dal figlio maggiore, il VI Duca, un affascinante ma dissoluto playboy che lasciò una scia interminabile di debiti e di figli illegittimi. Suo fratello, il VII Duca, lottò duramente per evitare il disastro completo delle fortune della famiglia che vennero in parte recuperate entro l'epoca della successione dell'VIII Duca. Quest'ultimo fu un insigne politico, un Ministro del Cabinetto e un uomo del Rinascimento inglese di notevole statura, autore di numerosi trattati scientifici ed eruditi. Suo figlio ed erede, il Marchese di Lorne, sposò la figlia della Regina Vittoria, la Principessa Louise, e in seguito fu nominato Governatore Generale del Canada prima di succedere al titolo di IX Duca.

Dall'alto verso il basso:
George, il VI Duca di Argyll
(1768 - 1839)
John, il VII Duca di Argyll
(1777 - 1847)
George, l'VIII Duca di Argyll
(1823 – 1900)
John, il IX Duca di Argyll
(1845 – 1914)

Niall,
X Duca di Argyll da
bambino.
(1872 – 1949)

Ian Douglas,
XI Duca di Argyll
(1903 – 1973)

Ian, XII Duca
di Argyll
(1937 – 2001)

Torquhil,
XIII Duca di
Argyll
(n. 1968)

Essi non ebbero discendenza e il titolo di X Duca
passò ad un nipote, Niall, che fu una specie di
recluso erudito, noto per le sue ricerche
genealogiche relative alla sua famiglia e al clan.
Non si sposò mai e alla sua morte nel 1949, il titolo
passò a suo cugino Ian, l'XI Duca. Era un ufficiale
galante che fu preso prigioniero in Francia nel 1940
con la sua intera Divisione delle Highlands. La sua
predilezione per la cafè society del tempo ricorda in
qualche modo il suo predecessore, il VI Duca. Nel
1973 gli successe il figlio maggiore Ian, il XII Duca,
che s'impegnò attivamente per ristabilire il nome di
Argyll, divenendo ben presto Luogotenente di
Argyll e Bute, oltre a svolgere meticolosamente i
doveri di capo di famiglia. Morì, molto compianto,
nel 2001 e il suo successore è il figlio Torquhil, ora
divenuto il XIII Duca di Argyll e MacCailein Mor che,
nel giugno 2002, ha sposato Eleanor Cadbury.

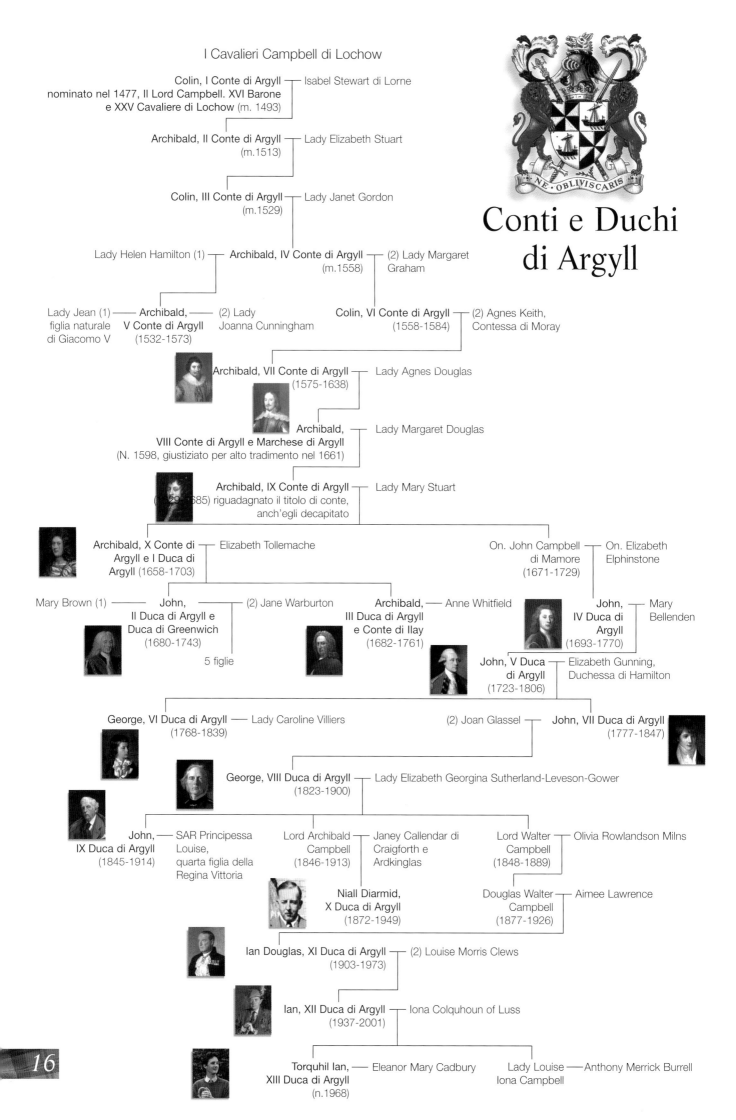

Conti e Duchi di Argyll

I Cavalieri Campbell di Lochow

Colin, I Conte di Argyll — Isabel Stewart di Lorne
nominato nel 1477, II Lord Campbell. XVI Barone
e XXV Cavaliere di Lochow (m. 1493)

Archibald, II Conte di Argyll — Lady Elizabeth Stuart
(m.1513)

Colin, III Conte di Argyll — Lady Janet Gordon
(m.1529)

Lady Helen Hamilton (1) — Archibald, IV Conte di Argyll — (2) Lady Margaret Graham
(m.1558)

Lady Jean (1) — Archibald, — (2) Lady Joanna Cunningham
figlia naturale V Conte di Argyll
di Giacomo V (1532-1573)

Colin, VI Conte di Argyll — (2) Agnes Keith, Contessa di Moray
(1558-1584)

Archibald, VII Conte di Argyll — Lady Agnes Douglas
(1575-1638)

Archibald, — Lady Margaret Douglas
VIII Conte di Argyll e Marchese di Argyll
(N. 1598, giustiziato per alto tradimento nel 1661)

Archibald, IX Conte di Argyll — Lady Mary Stuart
(1629-1685) riguadagnato il titolo di conte,
anch'egli decapitato

Archibald, X Conte di — Elizabeth Tollemache
Argyll e I Duca di
Argyll (1658-1703)

On. John Campbell — On. Elizabeth Elphinstone
di Mamore
(1671-1729)

Mary Brown (1) — John, — (2) Jane Warburton
II Duca di Argyll e
Duca di Greenwich
(1680-1743)
5 figlie

Archibald, — Anne Whitfield
III Duca di Argyll
e Conte di Ilay
(1682-1761)

John, — Mary Bellenden
IV Duca di
Argyll
(1693-1770)

John, V Duca — Elizabeth Gunning,
di Argyll Duchessa di Hamilton
(1723-1806)

George, VI Duca di Argyll — Lady Caroline Villiers
(1768-1839)

(2) Joan Glassel — John, VII Duca di Argyll
(1777-1847)

George, VIII Duca di Argyll — Lady Elizabeth Georgina Sutherland-Leveson-Gower
(1823-1900)

John, — SAR Principessa
IX Duca di Argyll Louise,
(1845-1914) quarta figlia della
Regina Vittoria

Lord Archibald — Janey Callendar di
Campbell Craigforth e
(1846-1913) Ardkinglas

Lord Walter — Olivia Rowlandson Milns
Campbell
(1848-1889)

Niall Diarmid,
X Duca di Argyll
(1872-1949)

Douglas Walter — Aimee Lawrence
Campbell
(1877-1926)

Ian Douglas, XI Duca di Argyll — (2) Louise Morris Clews
(1903-1973)

Ian, XII Duca di Argyll — Iona Colquhoun of Luss
(1937-2001)

Torquhil Ian, — Eleanor Mary Cadbury
XIII Duca di Argyll
(n.1968)

Lady Louise — Anthony Merrick Burrell
Iona Campbell

GIRO DEL CASTELLO

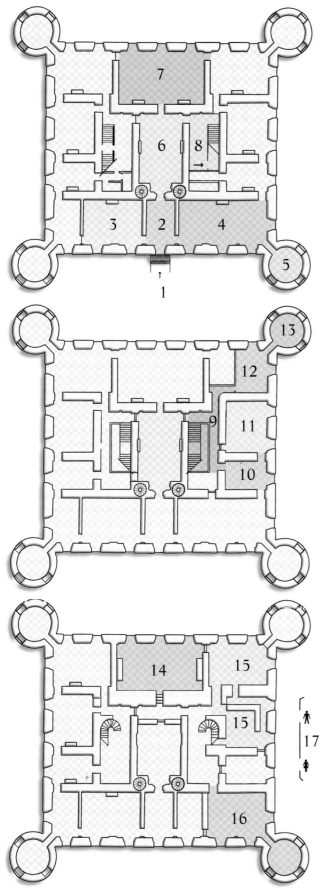

Pianterreno

1	Ingresso Principale
2	La Sala d'Ingresso
3	La Sala da Pranzo di Rappresentanza
4	La Sala degli Arazzi
5	La Torretta delle Porcellane
6	L'Armeria
7	Il Salone
8	La Sala di Nord-Ovest e lo Scalone
→	Accesso al Seminterrato

Primo Piano

9	La Galleria
10	La Stanza del Clan
11	La Stanza Vittoriana
12	La Stanza dei MacArthur
13	La Torre dei Dipinti

Seminterrato

14	La Vecchia Cucina
15	La Sala da Tè
16	Il Negozio del Castello
17	Gabinetti

La Sala d'Ingresso

L'aspetto modesto della Sala d'Ingresso potrebbe sorprendere i visitatori, ma causa ne fu il cambiamento di opinione del V Duca nel 1772. In origine l'ingresso del castello si sarebbe dovuto trovare sul lato sud, ma poi si decise di spostarlo a nord, dividendo la lunga galleria esistente in origine e ricavandone uno spazioso salotto da un lato e una grande sala da pranzo dall'altro, separati da un ingresso minore. Sembra che si debba questa sistemazione a William Mylne, meno famoso del fratello Robert, subentrato nei lavori a Inveraray nel 1772, mentre gli stucchi ornamentali, di un delicato gusto neo-gotico, non furono eseguiti che nel 1780.

I ritratti che si possono ammirare rappresentano la figlia del II Duca, Anne, e del marito, il Conte di Strafford di Reynolds, il Duca di Cumberland alla battaglia di Lauffeldt con Sir John Ligonier e il suo aiutante di campo, Lord Henry Campbell, secondo figlio del IV Duca, ad opera del pittore Wootton; Mary Bellenden, moglie di John Campbell di Mamore, futuro IV Duca, del pittore Richardson; il VII Duca, ad opera del pittore Raeburn. Il busto di marmo del VI Duca è dello scultore Samuel Joseph di Edimburgo. L'altra opera di marmo intitolata "Sonno" è di un ignoto scultore americano. Sopra la porta che conduce all'Armeria vi è lo stemma dei Campbell: gheronato di otto pezzi d'oro e di nero.

John, il II Duca di Argyll e Greenwich recante l'Ordine della Giarrettiera, eseguito dal pittore Godfrey Kneller. Il Duca combattè alle battaglie di Oudenarde e di Malplaquet nella Guerra di Successione Spagnola e comandò l'esercito degli Hannover a Sheriffmuir nel 1715; sullo sfondo del ritratto è rappresentato uno di questi episodi.

Un'armatura europea ornamentale fa da guardia alla Sala d'Ingresso.

La cassaforte di ferro con motivi ornamentali, abitualmente denominata "Cofano dell'Armada" di marca tedesca, risale al 1600 circa. Le palle di cannone sono quelle recuperate nella Baia di Tobermory nell'Isola di Mull.

La Sala da Pranzo di Rappresentanza

Il III Duca non aveva destinato una stanza particolare per i pranzi, ma con il 1770 gli usi erano cambiati e una stanza del genere era essenziale.

Indubbiamente questo fu uno dei motivi per cui il V Duca cambiò idea, sebbene ci vollero altri dieci anni prima di mettere in atto questo progetto.

Fu Robert Mylne nel 1780 a fornire i disegni originali degli stucchi che furono completati nei due anni successivi. Il calco per i motivi del soffitto fu eseguito a Londra da John Papworth, mentre il fregio e il cornicione furono completati dallo stuccatore John Clayton.

chiamati dal giovane Principe di Galles a Carlton House. E' ovvio pensare che Guinand, morto a Inveraray nel 1784, sia l'autore dei medaglioni sopra le porte con bassorilievi raffiguranti le Quattro Stagioni.

Le ghirlande a festoni sopra le due specchiere laterali, così pure le civette e gli scoiattoli dei pannelli verticali, ad opera di Girard, sono eseguiti in modo squisito.

Medaglione con bassorilievo rappresentante l'Autunno – uno della serie di quattro raffiguranti le Quattro Stagioni.

Di seguito e in alto: esempi dei pannelli alle pareti ad opera di Girard e Guinand.

La minuziosa pittura fu completata nel 1784 da due pittori francesi, Girard e Guinand, ed è questa di Inveraray la loro unica opera sopravvissuta. Si tratta di un genere raffinato che a quell'epoca in Gran Bretagna non era consueto e non c'è sta stupirsi che Girard fosse uno dei principali artisti decoratori

E' difficile invece riconoscere a prima vista quali dei motivi del soffitto siano trattati a bassorilievo o dipinti a piatto. Quasi tutti i motivi trattati a colore sono originali, mentre le zone monocromatiche furono ridipinte nel 1978. Le sedie fanno parte di un numeroso assortimento in stile francese composto da due divani, da alcune "bergères" (poltrone con i fianchi e i braccioli imbottiti), da poltroncine a braccioli e da sedie, il tutto ricoperto da tessuto di Beauvais, probabilmente commissionato dal V Duca durante uno dei suoi viaggi in Francia. Nonostante la loro foggia francese, le seggiole e le poltrone furono eseguite nello stesso castello da due artigiani di Edimburgo, di nome Traill intorno al 1782, ad imitazione di un modello presumibilmente di origine francese. Anche le dorature furono eseguite in loco da un doratore francese di nome Dupasquier, arrivato nel 1771, che firmò una delle sedie con la data 1782. Gli arazzi alle pareti furono applicati dal sarto locale che aveva anche confezionato i tendaggi e le livree dei domestici di Casa Argyll.

Le caravelle d'argento dorato sono di fattura tedesca e furono eseguite intorno al 1800 a scopo decorativo come centrotavola.

Le credenze laterali (ormolu) risalgono alla fine del XVIII secolo e la tavola da pranzo, probabilmente opera di Gillow di Lancaster, risale al 1800 circa. Il grande lampadario di cristallo di Waterford, a cui si accompagnano altri due minori nel Salotto degli Arazzi, risale al 1830 circa. La parte superiore delle due 'consoles' d'angolo, decorate a mosaico è di fattura italiana e risale al tardo XVIII secolo. Il quadro sopra il caminetto ritrae il IV Duca di Argyll nelle vesti indossate per l'Incoronazione ed è attribuito a Thomas Gainsborough.

La Sala degli Arazzi

Come la Sala da Pranzo, questa sala è un esempio del più raffinato gusto degli anni 1780 ed è interessante pensare che questo festoso salotto parigino, arredato in un luogo così remoto, sia ancora conservato dopo 200 anni con la collezione originale degli arazzi di Beauvais, appositamente create per tale ambiente. Gli ornamenti architettonici e gli stucchi furono completati verso la fine del 1782 e le pitture decorative di Girard, senza altri aiuti, furono eseguite tra il 1785 e il 1788. Opera di Girard sono anche le pitture sulle persiane, trattate a vernice leggera, con un minuzioso lavoro di pennello messo in risalto da ritocchi in oro il cui effetto è di particolare eleganza. Le dorature del soffitto sono probabilmente di Dupasquier, benché da terra appaiano trattate con due toni d'oro, in realtà l'effetto è dovuto alla vernice rossa impiegata in tocchi parsimoniosi.

I mecenati britannici, tra gli anni 1770 e 1780 erano grandi appassionati degli arazzi francesi e la collezione di Inveraray, eseguita dietro commissione del V Duca nel 1785, fu appesa alle pareti nel 1787. Nota come opera su imitazione di J.B. Huet con il titolo di "Pastorales draperies bleues et arabesques", si ritiene l'unica collezione del XVIII secolo di arazzi di Beauvais ancora esistente come addobbo della sala per la quale era stata destinata. Non essendovi altri pannelli sopra le porte, si presume che le sopraporte dovessero essere dipinte, probabilmente ad opera di Girard. Gli arazzi furono restaurati e ripuliti dal Centro di Conservazione Tessile del Palazzo di Hampton Court nel 1976.

Il disegno originale di Robert Adam per il soffitto della Sala degli Arazzi.

*Lady Charlotte Campbell
nelle vesti di "Aurora"
di John Hoppner.*

I due divani, detti "confidantes", e le poltrone assortite, come le altre poltroncine bianche e dorate, furono confezionati per il V Duca da John Linnell intorno al 1775 e l'altro assortimento di sei sedie in stile francese di Hepplewhite risale allo stesso periodo. Il fatto che i due divani fossero stati ordinati prima dell'addobbo della parete spiega la ragione per cui gli schienali superino leggermente il riquadro inferiore degli arazzi.

Sul tavolino rotondo a forma di palma vi è un piano di marmo con al centro un intarsio raffigurante lo stemma del VII Duca e della sua terza moglie, Anne Colquhoun Cuninghame di Craigends, sposata nel 1831. Il caminetto fu installato nel 1800. Il ritratto di Lady Charlotte Campbell (figlia del V Duca) nelle vesti di "Aurora", opera del pittore Hoppner, è stato rimesso al suo posto d'origine recentemente. Il pannello che raffigura delle fanciulle danzanti è opera del 1846 del pittore George Richmond.

La Torretta delle Porcellane

L'ingresso alla Torretta è sapientemente dissimulato da un sistema di doppie porte praticate nell'angolo del Salotto, anch'esse ricoperte di arazzi come parte dei pannelli. Il soffitto con decorazioni di cartapesta è opera di Mylne del 1773.

La stanza è dominata da questo ritratto di Archibald, il III Duca di Argyll, nelle vesti di Primo Magistrato di Scozia, di Allan Ramsay.

Un vista notturna dall'esterno della Torretta delle Porcellane offre un ottimo termine di paragone con il disegno di Robert Mylne del 1777, per una finestra più ampia progettata per il piano principale (primo piano).

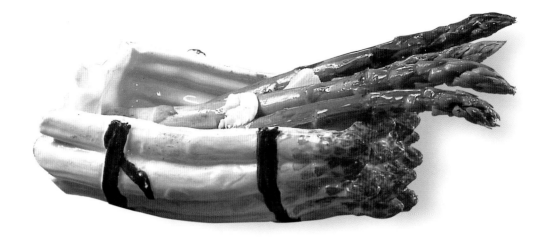

Piatto di asparagi di porcellana.

Le vetrine di questa stanza contengono una collezione di porcellane orientali ed europee, fra cui degli Imari giapponesi del primo Settecento, dai tipici colori della gamma tradizionale: azzurro, rosso sanguigno e oro, bianco e blu di Cina; un servizio da dessert di Meissen, un altro di Meissen completato da pezzi di Worcester e di altri pezzi Chamberlain di rimpiazzo; un numeroso servizio da pranzo Derby, risalente al primo Ottocento, e altri pezzi di porcellana inglese.

Ecuelle di porcellana Derby.

Una tazza di porcellana Barr decorata ad imitazione di un originale di Sèvres.

L'Armeria

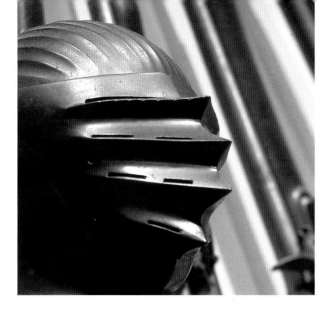

La drastica idea di collegare l'ingresso centrale alle due scale gemelle laterali può dirsi ispirata dalle sale d'ingresso di Vanbrugh a Castle Howard e Blenheim. Però in questo caso l'effetto dell'altezza del vano (21 metri) e della vastità degli spazi circostanti risulta più efficace grazie alla luce che penetra attraverso gli archi da diverse direzioni.

Anche l'idea di disporre tutte le armi con una varietà di motivi ornamentali potrebbe risalire all'epoca di Vanbrugh, tuttavia l'attuale disposizione è il geniale completamento di un tema dato dal V Duca nel 1783. La collezione comprende alabarde del XVI e XVII secolo, moschetti Brown Bess, risalenti al 1740 circa, disposti a pannelli circolari con relativi pennacchi alternati con asce di Lochaber risalenti all'epoca della prima visita della Regina Vittoria a Inveraray nel 1847 ed infine vi sono delle spade scozzesi a doppia lama del Settecento.

In basso: coppa matrimoniale di Sir John Campbell di Glenorchy e Mary Campbell, figlia del Conte di Argyll, 1678, con fiaschetta per polvere da sparo modellata da un corno di animale.

Pugnali delle Highlands e una spilla per "plaid".

La cintura e lo "sporran" (borsa ricoperta di pelo) di Rob Roy.

Le bacheche a tavolo contengono una collezione affascinante di oggetti e tesori collegati ad Inveraray, alla lunga storia del Clan e della famiglia Campbell, oltre ad altri oggetti d'interesse delle Highlands.

Il discorso del Marchese di Argyll prima della sua esecuzione nel 1661 e il suo berretto.

Busti di marmo bianco del marchese di Lorne e di Lady Edith Campbell.

Il Salone

Abitualmente nelle grandi dimore del XVIII secolo il salone era il luogo di maggiore rappresentanza per ricevere gli ospiti, ma sembra che fin dall'inizio il V Duca avesse considerato il suo salone una stanza di soggiorno tipicamente moderna, in cui gli ospiti potevano fare colazione al mattino, leggere i giornali, fare musica e giocare a biliardo. Intorno agli anni 1780, le pareti vennero rivestite di damasco verde e vi furono appesi i più importanti ritratti di famiglia, tra cui due ai lati estremi della sala, che vennero inseriti in grandi cornici a cui si assortirono ricchi fregi ornamentali.

E' interessante notare che le dimensioni del dipinto di Gainsborough del Feldmaresciallo On. Henry Seymour-Conway, genero del IV Duca di Argyll, sono state leggermente ingrandite per farle corrispondere a quelle del dipinto di Pompeo Batoni sulla parete opposta dell'VIII Duca di Hamilton.

Pagina a fianco, a sinistra: il grande divano ricoperto di tappezzeria è uno dei pezzi rimanenti dell'ampia collezione di mobili dorati da Dupasquier nel 1782. Sopra il divano è appeso un ritratto "baldanzoso" a colori vivaci dell'VIII Duca di Hamilton dell'artista romano del XVIII secolo, Pompeo Batoni.

Sul pianoforte a coda del Salone vi sono fotografie di famiglia. Qui si vedono la foto di Ian, il XII Duca di Argyll e della sua vedova Iona Colquhoun di Luss.

Due decorazioni intarsiate, dorate da Maitland Bogg di Edimburgo nel 1788, fiancheggiano i due grandi ritratti ad entrambe le estremità della stanza, uno ad opera di Batoni e l'atro di Gainsborough.

Purtroppo nel 1950 il damasco era così deteriorato che si dovette toglierlo sostituendolo con la tinteggiatura delle pareti nel colore originale del cornicione.

Entro due vetrine francesi sono esposti oggetti d'argento, tra cui il servizio da toilette di Sua Altezza Reale la Principessa Louise. Sopra tali vetrine vi sono due ritratti: uno attribuito a Cosway raffigurante il V Duca, che indossa l'armatura militare, ed un altro del fratello, il Capitano Lord William Campbell, Governatore della Nuova Scozia (1766) e della Carolina del Sud (1773), ad opera di Francis Cotes. Ad un'estremità del salone, vi è il ritratto eseguito a Roma da Batoni dell'VIII Duca di Hamilton, figlio di Elizabeth Gunning, moglie del V Duca di Argyll, e del suo primo marito, il VI Duca di Hamilton.

Da ambo i lati vi sono due quadri attribuiti a William Aikman che raffigurano rispettivamente John, il II Duca di Argyll e Greenwich e sua moglie Jane Warburton. Sulla parete del caminetto vi è il ritratto ad altezza completa di Allan Ramsay, risalente al 1740, raffigurante il II Duca nelle vesti da parata dell'Ordine della Giarrettiera ed un altro di Sir John Medina di Archibald, il X Conte e il I Duca di Argyll, in costume di antico romano, con i suoi due figli, John in seguito il II Duca e Archibald, il III Duca. Sopra la porta principale vi è il ritratto di Lord Frederick Campbell, terzo figlio del IV Duca, Lord Clerk Register di Scozia [Direttore degli Archivi di Stato], opera dell'artista di Edimburgo George Willison. I quattro dipinti di John Opie raffigurano i quattro figli del V Duca, tra cui George, futuro VI Duca e John, il VII Duca. All'altra estremità del Salone, vi è il ritratto ad opera di Gainsborough, del Feldmaresciallo On. Henry Seymour-Conway, marito della figlia del IV Duca, a cui si affianca quello ad opera di Wissing, ritraente la Contessa di Dalhousie, successivamente Lady Bellenden, la cui figlia sposò John Campbell di Mamore, futuro IV Duca di Argyll, e della madre di costei, la Contessa di Drogheda, opera di Sir Peter Lely.

...Campbell...of...

...and his Two Sons, John Duke
...Byd... Greenwich & Archiba...
...Duke of Argyll...

35

La Sala di Nord-Ovest e lo Scalone

Nelle grandi vetrine è esposta una collezione di oggetti antichi: in modo particolare i cimeli dell'età del bronzo e dell'età del ferro, trovati nella Scozia Occidentale, tra cui un'ascia rituale in giadeite, di grandi dimensioni. Al di sopra delle vetrine figura il ritratto di John Campbell di Mamore, futuro IV Duca di Argyll, opera di Richardson, a cui si affianca il ritratto del III Duca nelle vesti di Primo Magistrato, opera di Allan Ramsay, datata 1744, eseguito l'anno seguente alla sua successione al titolo; dall'altro lato vi è il ritratto di Sir James Campbell di Ardkinglas, opera di William Aikman.

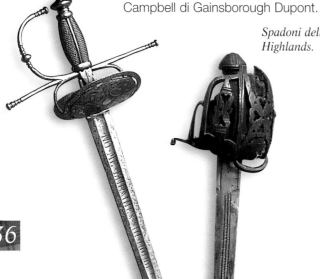

Il busto di bronzo del Marchese di Lorne, futuro IX Duca, nella sua carica di Governatore Generale del Canada, opera di Henrietta Montalba.

Il tamburo fu portato alla battaglia di Culloden da un cadetto delle milizia di Argyllshire al comando del Colonnello John Campbell, futuro V Duca. I ritratti sullo scalone raffigurano Lady Margaret Douglas, moglie dell'VIII Duca e Marchese di Argyll, su imitazione di Sustermans; il IX Conte, giustiziato per alto tradimento nel 1685, opera di Mary Beale; il III Duca, opera di Ramsay; Elizabeth Gunning, Dichessa di Argyll e sua sorella Maria, Contessa di Coventry, due opere di Katharine Read; il V Duca, opera di Gainsborough; il VI Duca, opera di Raeburn e Lord Frederick Campbell di Gainsborough Dupont.

Spadoni delle Highlands.

Nella vetrina grande sono esposti il manto di Sua Altezza Reale, la Principessa Louise, per la cerimonia dell'incoronazione, **le vesti di un Cavaliere dell'Ordine del Cardo** *(a fianco a destra), gli abiti da cerimonia dell'Ordine del Cardo e l'uniforme del XII Duca della Compagnia Reale degli Arcieri. Vi è anche la mazza del Maestro di Cerimonia della Casa Reale di Scozia, portata dal Duca di Argyll in cerimonie speciali, oltre alle* **vesti e alla corona del Duca** *(pagina a fianco, estrema destra). Gli stendardi di famiglia del XVIII secolo (in basso) fanno da sfondo agli oggetti esposti.*

La Galleria

Tra i ritratti esposti nella Galleria vi è quello di Winterhalter della Duchessa di Sutherland, la cui figlia aveva sposato l'VIII Duca di Argyll; un ritratto del nonno dell'attuale Duca di Cowan Dobson; uno di Charles Jervas, in cui Mary Bellenden appare nelle vesti di Maria Regina di Scozia; un altro di Archibald, il VII Conte di Argyll; quindi un ritratto di del Tenente Colonnello Duncan Campbell di Lochnell che comandò il 93° Reggimento degli Highlanders, ad opera di Raeburn; un altro di H.P. Briggs del VII Duca ed infine un ritratto di Niall, futuro X Duca, da bambino, ad opera di Sir William Blake Richmond. Nella successiva galleria, al lato opposto della sala, si può ammirare il ritratto del IX Duca, ad opera di Sydney Hall e quello della nonna dell'Attuale Duca, Louise Morris Clews di Baltimore, di mano di Mac Cameron.

I dipinti del VII e VIII Conte di Argyll sono in prestito dalla collazione del Duca di Buccleuch e Queensberry, KT.

Archibald, VII Conte di Argyll
1575 - 1638

Ian Douglas, XI Duca di Argyll
1903 - 1973 di Cowan Dobson.

La Stanza Vittoriana

Figura di porcellana biscotto raffigurante la Regina Vittoria al filarello, in compagnia del suo cane preferito.

Il pezzo più interessante di questa stanza è lo scrittoio di legno d'acero, dono della Regina Vittoria alla figlia Louise per le sue nozze col Marchese di Lorne, futuro IX Duca di Argyll, nel 1871.

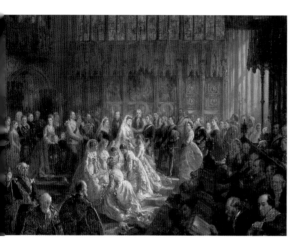

Tra le due finestre vi è il dipinto di Sydney Hall della cerimonia nuziale di stato nella Cappella di San Giorgio a Windsor nel 1871.

Sua Altezza Reale, Louise, la Duchessa di Argyll di Koberwein, sullo stile di Winterhalter.

Sul vaso cosiddetto *"pâte-sur- pâte"*, di M. L. Solon, sono montati due medaglioni di Colin Campbell Minton, con l'effigie degli sposi al tempo delle loro nozze. Tra i quadri si annoverano: il ritratto dell'VIII Duca del Barone Heinrich von Angeli e un altro di sua moglie, Lady Elizabeth Leveson-Gower, opera di Richmond; quello della Principessa Louise di Koberwein, sullo stile di Winterhalter ed un altro di R. A. Müller, e il Marchese di Lorne, uno di Barclay, l'altro di Sir Daniel Macnee.

La Stanza dei MacArthur

Il letto a baldacchino minuziosamente scolpito era tradizionalmente il letto della stanza d'onore dei MacArthur di Loch Awe. I dipinti, di scuola scozzese, raffigurano Anne Nasmyth di Posso, moglie di John Callander di Craigforth, con i suoi due figli; vi è inoltre il ritratto di Elizabeth Gunning, di Gavin Hamilton. Il ritratto di un giovane cantante è attribuito ad un seguace di Hendrick Terbruggen.

Nella torretta adiacente sono esposte collezioni di fotografie e di materiale inerente al Castello di Inveraray e alla famiglia Argyll.

Ritratto dei tre fratelli Ian, James e Patrick Campbell di Ardkinglas, risalente al 1624, ad opera di George Jamesone (circa 1587 – 1644).

La Stanza del Clan

Questa stanza è dedicata alla narrazione della storia e dello sviluppo del Clan Campbell. Vi si espongono nuovi reperti man mano che diventano disponibili. Particolarmente interessante è l'Albero Genealogico del Clan Campbell che illustra a colori vivaci le numerose diramazioni, grandi e piccole, del Clan; fu disegnato e ricercato da Alastair Lorne Campbell di Airds, Direttore Generale Onorario della Clan Campbell Society (UK). Sono esposti inoltre i tartan ed i territori dei Campbell. L'interessante collezione di tamburi dei Reggimenti Scozzesi è in prestito dalla *Royal Caledonian Schools Trust*.

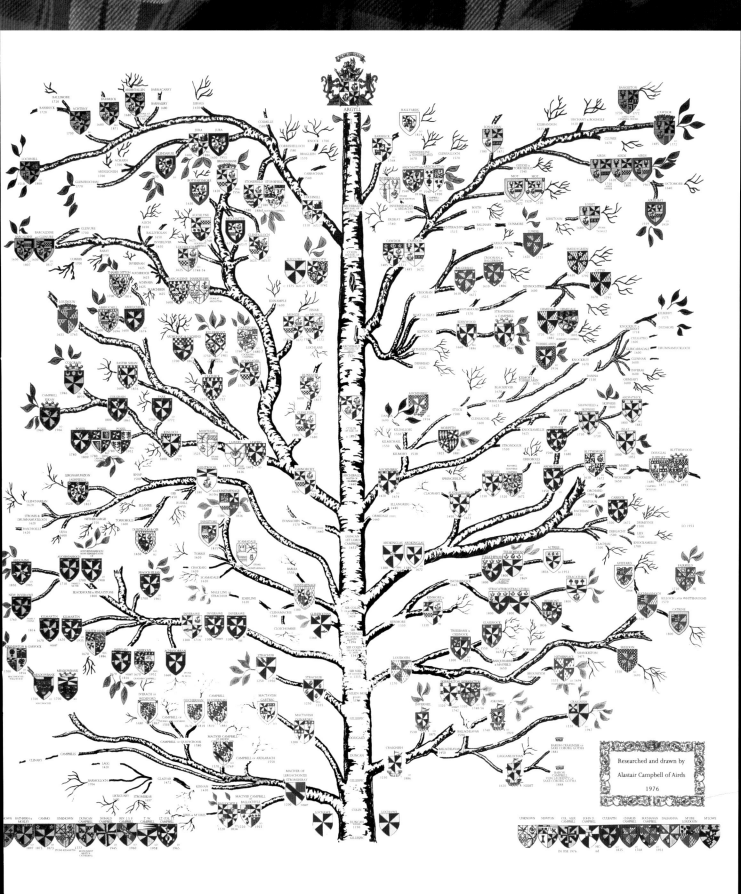

Un poster di dimensioni complete A2 di questo albero è disponibile nel Negozio del Castello di Inveraray.

La Vecchia Cucina

La Cucina originaria del Castello venne usata per l'ultima volta dalla nonna del Duca, la Duchessa Louise, negli anni '50. Si tratta di una cucina veramente unica nel suo genere, in quanto dotata di sette caminetti utilizzati per diversi metodi di cottura. Due stufe per gli stufati, due forni per infornate, piastra calda, stufa adibita alla bollitura e una fiamma per arrosti dotata di uno spiedo funzionante che veniva attivato da una ventola posta nella cappa del camino. La cucina è dotata di una splendida collezione di utensili di rame, conosciuta come

"batteria da cucina" ed inoltre di un assortimento di utensili vari risalenti a periodi diversi, vittoriano, eduardiano ed anteguerra.

Il Negozio del Castello

Il Negozio del Castello è stato ampiamente ristrutturato nel 1997 e riprende caratteristiche presenti in altre parti del Castello. L'attività viene gestita personalmente dalla Dowager Duchessa di Argyll che commissiona molti degli oggetti in vendita. Nella Torretta dei Tartan si trova un'ampia selezione di oggetti da regalo inerenti alla Scozia e al Clan Campbell. Vi sono souvenir per tutti i gusti per ricordarvi della vostra visita al Castello di Inveraray.

Aquila dorata intagliata dal tronco di un abete.

Statua di bronzo di Robert Bruce.

I Giardini

E' possibile che la disposizione dei terreni (policies) che circondano il Castello di Inveraray – il termine scozzese 'policies' indica i terreni, la tenuta migliorata intorno ad una dimora di campagna – risalga ai primi anni del 1600. Tuttavia, è quasi certo che tre dei più importanti viali della zona, il Viale dei Tigli, che diparte verso sud-ovest dal Castello, il Viale Cittadino, parte del quale rappresenta l'attuale parcheggio nella Città di Inveraray, e il Viale Glen Shira, risalgono al 1650 circa, cioè all'epoca del Marchese di Argyll. Un resoconto contemporaneo dichiara che "la dimora di residenza" del Conte di Argyll era circondata da *"iarde di giardini, dei quali alcuni dotati di diversi tipi di erbe che vi crescono ed abbondano. E da altri giardini ricchi di alberi da frutto, piantati in ottima posizione, e dei prati erbosi verdissimi su cui passeggiare, con un muro di pietra costruito di fianco a tale prato verde"*.

L'altra fase successiva degna di nota per lo sviluppo dei terreni fu tra il 1743 e il 1780. Durante tale periodo si costruì la 'Torre di Guardia' sulla cima della collina a nord del Castello, il Doocot, che si può vedere dal Viale che diparte dalla parte nord-occidentale del parcheggio del Castello, oltre al Ponte del Giardino o Frews Bridge, per nominare tre edifici. Furono canalizzate alcune sezioni del fiume Aray e si formarono delle cascate per potenziare il suono dell'acqua corrente.

Com'era l'usanza altrove nella seconda metà del XIX secolo, anche qui ad Inveraray, le persone famose che visitavano il Castello piantavano dei nuovi alberi. Tra queste persone si annoverano la Regina Vittoria, David Livingstone, William Gladstone, il Conte di Shaftesbury ed altri personaggi importanti. I giardini si estendono per 180 ettari e formano uno dei più importanti paesaggi progettati della Scozia ed attualmente la Tenuta sta studiando un piano per la loro gestione e preservazione. E' possibile esplorare ed ammirare la maggior parte della zona con l'ausilio di un opuscolo disponibile in loco.

Il III Duca, che dichiarò apertamente di avere una *"passione per sviluppare terreni e giardini"*, non appena ebbe ereditato il titolo e la Tenuta nel 1743, non perse tempo e nominò giardiniere Walter Paterson. Era stato assunto dal personale del II Duca nel Caroline Park vicino ad Edimburgo ed era considerato esperto nel piantare albero e nella *"misurazione e creazione di livelli di terreno diversi"*. A giudicare dai suoi risultati, sembra che fosse più un giardiniere del paesaggio di un piantatore di alberi. Paterson non era solo responsabile di controllare le cascate nel fiume Aray, ma creò quelli che furono descritto in seguito 'prati piatti e senza carattere' davanti al nuovo Castello, come si possono vedere in molte delle stampe contemporanee.

Negli anni intorno al 1820, il Castello era descritto dal geologo Dr John McCulloch "spoglio e adagiato su un prato verde" e la Duchessa di Argyll incaricò un agrimensore, John Brooks, di introdurre delle piante. I suoi progetti sono tuttora esistenti e mostrano cinture di cespugli sempreverdi nelle vicinanze del Castello.

Tuttavia, le mode cambiano col tempo e nel 1848 l'VIII Duca di Argyll incaricò William Nesfield, che in seguito andò a lavorare per Sir William Hooker, Direttore dei Kew Gardens, di riprogettare i Giardini del Castello di Inveraray. Nel suo resoconto si raccomanda di eliminare gli arbusti di alloro scuro, che erano mantenuti così piatti che *"potrebbe passare una carrozza sulla loro superficie"*!

Una veduta aerea del castello e dei giardini ai nostri giorni.

Il progetto della disposizione dei giardini di W. A Nesfield per il Castello del 1848.

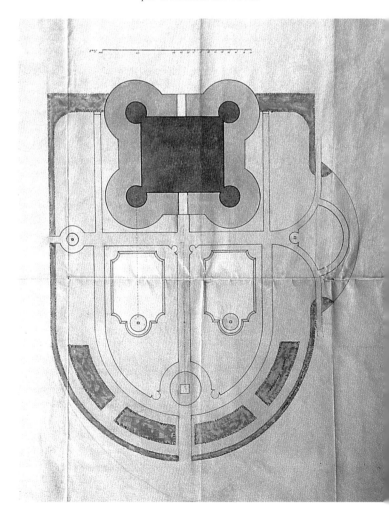

Si sarebbero dovute creare delle aiuole leggermente incassate disposte in due sezioni separate di manto erboso. Il disegno di Nesfield è riprodotto alla pagina precedente.

La planimetria dei Giardini raggiunse la presente forma negli anni intorno al 1870, quando venne eretto lo steccato di ferro per i daini, fu predisposto l'allineamento nell'adiacente Viale dei Tigli e vennero creati i due prati davanti al Castello. Si costruirono aiuole circolari e due Saltire (croci di Sant'Andrea). Attualmente la prima contiene rose, mentre la seconda è formata da una serie di cespugli interessanti.

Tra gli alberi e gli arbusti degni di nota vi sono l'eucripia (cordifolia), il salice piangente di Wellington, la magnolia acuminata, l'ossidendro, la sequoia nana, la camelia del Duca di Argyll, una bella betulla con foglie simile alla felce e un sicomoro variegato, solo per nominarne alcuni, oltre ad una superba collezione di rododendri.

I giardini sono curati da oltre 25 anni dalla Dowager Duchessa di Argyll con l'assistenza di un giardiniere a tempo pieno ed aiuto occasionale da parte del personale della Tenuta.

I Giardini del Castello di Inveraray sono aperti al pubblico su appuntamento.